천일을 걸어
당신이라는 섬에 닿았다

손수진 시집

천일을 걸어 당신이라는 섬에 닿았다

2025년 11월 25일 인쇄
2025년 11월 30일 발행

지은이 손수진

펴낸이 강경호   편집장 강나루   디자인 정찬애
펴낸곳 도서출판 시와사람
등록 1994년 6월 10일 제 05-01-0155호
주소 광주시 동구 양림로119번길 21-1(학동)
전화 (062)224-5319   E-mail jcapoet@hanmail.net

ISBN 978-89-5665-804-9   03810

값 12,000원

* 잘못된 책은 구입하신 서점에서 바꾸어 드립니다.
* 지은이와의 협의로 인지를 붙이지 않습니다.
* 이 책은 전라남도, (재)전라남도문화재단의 후원을 받아 발간되었습니다.

이 도서의 국립중앙도서관 출판예정도서목록(CIP)은
서지정보유통지원시스템 홈페이지(http://seoji.nl.go.kr)와
국가자료종합목록 구축시스템(http://kolis-net.nl.go.kr)에서
이용하실 수 있습니다.

천일을 걸어
당신이라는 섬에 닿았다

ⓒ 손수진, 2025
이 책의 저작권은 저자에게 있습니다.
저작권에 의해 보호를 받는 저작물이므로
출판사와 저자의 허락 없이 무단 전재와 복제를 금합니다.

■ 시인의 말

등단 20년 만에 네번째 시집을 낸다
시를 통해 부재와 욕망, 결핍과 상처를 치유하며
시적 자아를 통해 무한한 상상의 세계로 겁없이
걸어 갔다
누군가 말하기를
네 시에는 담담하면서도 거침이 없고, 솔직하면서
도 눈치보지않는 당당함이 있다고
그 말을 칭찬으로 여기며
다음 장을 넘기려 한다.
늘 함께 계셨고, 함께 하실 그분과 함께 ‥
나의 나 됨은 다 그의 은혜라

천일을 걸어 당신이라는 섬에 닿았다 / 차례

시인의 말 · 7

제1부

18   잠적
20   노쓰케 반도에서 만난 갈색 여우
21   낭도
22   소호에서
23   낯선 방
24   구름호수 가는 길
26   네 발자국 위에 내 발을 올리고
28   흰 뼈를 줍다
30   내 사랑 거관
32   애월
33   여襖
34   그때, 거기에서는
35   버려진 모과의 시간
36   풍경을 훔치다

제2부

무심하여라 애인의 마음아　38
체리　39
내 사랑 사무라이　40
대화를 엿듣다　41
지독한 사랑　42
백련　43
파르르는 언제부터　44
그거 하나면 되지 싶어　45
우리는 서로　46
간이역　47
홍어 장수의 사랑 노래　48
숲　50

제3부

52 도원桃園에 갔었네
53 먹물버섯
54 가장 적절한 말
56 머리에 뿔도 없이
57 너는 부디 떨어지지 말아라
58 친절한 네이버 씨
60 비밀
61 인내는 가렵고, 그 열매는 붉다
62 동거
64 야옹야옹 고양이 2
65 폭설
66 거리두기
67 폭우
68 크레타섬을 닮은 바닷가에 올리브 나무를 심는 꿈

제4부

그녀의 밥　72
동창생 계량기　73
기러기 죽이기　74
망초꽃　76
빈집　77
이 여자가 사는 법　78
소회　80
그 여름, 그리고 가을　82
홍어　84
백석과 나타샤와 흰 당나귀　85
허기진 배　86
유월　88
못 먹어도 꽃　89
세상에서 가장 짧은 안부　90

서평
91 손수진, 놓아서 소유하는 지극한 시선 _ 손현숙

천일을 걸어
당신이라는 섬에 닿았다

제1부

잠적

핫코다산, 시라카미 산지의 작은 계곡
등잔불 하나로 불을 밝힌
눈 덮인 폭포에서 떨어지는 물소리를 들으며
따뜻한 온천에 몸을 담근다

천지는 고요하고
속삭임조차 소음이 되는
텔레비전도 핸드폰도 허용되지 않는
세상과는 단절된 고립의 시간

온전히 홀로, 나신의 몸으로 듣는
똑, 똑
수증기가 맺혔다 떨어지는 물소리가
천지를 울리는 아오니 온천

백 년 전
료칸을 연 시인도
이곳에서 몸과 마음의 병을 치유하였다는데
여기, 백 년의 시간이 멈추어 있으니

생에 한 번쯤
세상의 길이 보이지 않을 때
잠시 잠적해도 좋을
아오모리, 아오니

노쓰케 반도에서 만난 갈색 여우

삿포로역이 내려다보이는 방에서
심한 열감기를 앓다가
삿포로 맥주를 한 모금 마시고 잠이 들었다.
꿈결인 듯 잠결인 듯 들리던

'그가 너를 용납하였으니 너는 내 것이라'

삿포로의 밤은 깊어가고
수많은 사람으로 붐비던 광장도 고요해졌다.

'내일은 긴 여정이 될 거야
너는 돌아가야 해'

어린왕자에게 길을 안내하던 사막여우처럼
북해도 노쓰케 반도에서 만난 갈색 여우가
귓가에서 속삭이는 소리를 들으며
깊은 잠 속으로 빠져들었다.

버킷리스트 하나를 완성해서 다행이야.

낭도

허술해서 좋다는 너의 곁에서는
마음껏 흐트러져도 좋겠다 싶은 날
여수 낭도에 들었다

사막여우의 털빛을 닮은 노을은
붉은 등댓불과 흰 등댓불 사이를 물들이고

바다에서 죽어
미처 떠나지 못한 혼을 가위로 오려놓은 듯
손톱달 하나가 서쪽 하늘에 걸려있고

유일한 포장마차의 따스한 불빛은 배고픈 사람을 불러들여
고흥 영남면에서 시집와 배 네 척을 거느린 선주였던 때가 있었다고

레시피 없이도 술렁술렁 버무린 서대회무침에
백 년 전통이라는 젓샘 막걸리로 주인도 객도 취해가는 밤
바닷물도 턱을 괴고 오래도록 찰방거리며 붉게 익어가고 있었다.

소호에서

소호의 밤은 고요했다
불빛이 일렁이는 밤바다는 우주의 한 공간을 연상케 했고
멀리 바다에 비치는 불빛은 불빛인지 별빛인지 분간하기 어려웠다
아픈 고양이의 등을 쓸어내리며 그의 죽음을 수습하는 일도
국도 1호선, 달리는 차에 뛰어들었던 고라니의 눈빛도 뇌리에 남아
내 의지로는 어쩔 수 없었던 게 아니라 모든 잘못된 일은 다 내 죄인 것 같아서

소호의 밤은 깊었고
아무도 없는 방파제에 혼자 앉아 있었다
내 품에서 힘없이 눈을 감던 고양이와
사지를 떨며 애처로운 눈으로 바라보던 고라니의 눈빛,
나는 왜 그 시간 거기서 그 절망의 눈빛과 맞닥뜨려야 했을까
내가 바다 쪽으로 한 발 더 다가가려 할 때처럼
어쩌면 그들도 그 절명의 순간을 스스로 정한 것은 아니었을까

낯선 방

바람이 분다
밤새 누군가 타전을 친다
먼 미래의 당신에게 보내는
지금은 하지 못할 가슴으로 쓰는 문장인가?
하늘과 바다색이 닮아 있는
남해의 작은 마을
붉은 지붕들이 게딱지처럼 붙어 있는 그곳
내가 누워 있는 방에
누군가 밤새워 타전을 친다
톡, 톡, 톡, 톡
바람이 불을 켜고
침묵이 불을 끄는
그 바닷가 마을

구름호수 가는 길

칠월의 숲은 우거져
구름호수 가는 길이라는 팻말을 지운다
호수는 안개에 싸여 있고
사람의 손길이 닿지 않은 산딸기 넝쿨
아카시아, 칡넝쿨, 키 큰 억새가 팔을 벌리고 길을 막아서
쉽게 갈 수 있는 길이 아니라고
돌아가라 한다

돌아가기엔 너무 멀리 와버린 길
산 속 깊숙한 곳에
구름을 가득 안은 신비의 호수가 있다고 말해 놓고
함부로 들어오지 못하게 지워버린 길에
깊숙이 발을 들여놓고 말았다

앞이 보이지 않는 길
두렵고 막막한 길
그러나 설렘과 기대가 동반되는 길
저 길 끝에 구름호수라는 이름에 걸맞은
반짝이는 호수가 있을 것을 믿으며

인생이란 언제나 믿음대로 되는 것도 아니지만
그 이름에 세차게 뒤통수를 얻어맞기도 하지만
신께서도 가끔, 아주 가끔은
반전을 숨겨 놓을 때도 있으니까

네 발자국 위에 내 발을 올리고

바람 찬 이월
섬진강 모래밭을 맨발로 걷는다

바람은
미처 온기가 빠져나가지 않은 발자국을
미세한 모래로 덮고 가고
지난밤
누군가 물가를 서성이다 간 흔적 위에
내 발을 올려 본다

같은 장소 다른 시간
비껴간 시간 앞에 멈춰 섰던 발자국이
전생에 잃어버린 내 사랑은 아니었는지
내가 기억하지 못하는 시간이
나를 끌어당겨 여기까지 오게 한 건 아닌지

물굽이 속에 천년 세월이 스며있고
비껴간 운명을 생각하며
고라니가 남긴 발자국 위에
발갛게 언 내 발을 올렸을 때

서걱이는 마른 갈대숲 사이로
길게 목을 빼고 이쪽을 보고 있는
그렁한 눈망울을 내가 보았던가

흰 뼈를 줍다

물새조차 날지 않는 바닷가에
바람만이 검은 모래를 쓸고 간다.

끝없이 펼쳐진 검은 모래밭에
유난히 빛나는 흰 뼈

한때는 푸른 바닷속에서
진주를 키우던 몸이었고, 집이었던
조개의 파편들

얼마나 많은 파도가 다녀갔기에
얼마나 많은 달과 별이 다녀갔기에
얼마나 많은 모래바람이 훑고 갔기에

날을 세우던 등이 이토록 둥글어졌나

십만 시간을 걸어도 닿을 수 없는 거리에
너는 있고

닿을 수 없는 거리이기에

멀어질 수 있는 가장 먼 거리에 나는 와 있다

북해도가 보이는 아오모리 바닷가
멀어지려 할수록 마음은 간절해

네가 있는 방향을 향해 나는 걷고 있다

내 사랑 거관

낙타의 눈처럼 무수한 별빛을 담고
삼백오십만 시간을 건너 내게로 왔나
조선의 도공이었던 당신

보배산 계곡 하얀 눈이 천지를 덮는 밤
혼을 태워 그릇을 굽던 가마터에
당신의 숨결인 듯
서늘한 바람이 이마를 스치고

흙을 빚어 다완을 만들어
어떤 기교와 장식 없이
오롯이 별빛과 달빛을 가져다
다완에 새긴 걸
일본의 마쓰무라 시게노부는 어찌 알았을까

조선의 도공 125명이 제포항에서 히라도섬으로 끌려갈 때
핏빛으로 피었던 산다화 그 붉은 빛
웅천도요 박물관 도예 벽화 앞
계곡을 훑고 가는 바람 속에
우렁우렁 피어 향기 자욱한데

꽃이든 사람이든 간절함 쪽으로 마음 기우는가
내 사랑 당신
나 오늘 여기, 깨어진 다완 조각에 손 올리고
당신의 손 끝에서 전해진 뜨거운 결을 느낀다

애월

애월이란 이름이 붙은 사진 한 장을 보내왔다
흰 구름 떠 있는 푸른 하늘과
하늘을 닮은 바다와
검은 갯바위에 보일 듯 말 듯 서 있는 사람 하나

애월! 애월!
입속에 넣고 자꾸 굴려 보게 되는 이름
사라지는 것이 안타까워
천천히 녹여 먹는 알사탕처럼*

달 뜨는 바닷가에
보라색 순비기꽃을 닮은 애월이라는
애잔한 이름을 가진 애인 하나 숨겨 놓고
평생 그리워하는 바다

애월!

*김지원 시, 「춘몽」에서 빌려옴

여礁

천일을 걸어 당신이라는 섬에 닿았다

바다는 밤새 뒤척이고
결코 섞일 수 없는 파도와 몽돌은 서로 뒤엉켜 울었다

나뭇잎처럼 떠 있는
여수 앞바다 넙덕여처럼

내가 지금 만지고 있는 것은
물거품처럼 사라지는 것들

완전체가 되지 못하고 순도 98퍼센트로 끝나버릴 사랑이
깊은 바다에 뿌리박은 암초로 누워 있다

그때, 거기에서는

무작정 보리암에 가자 했습니다.

가을이었고
낙엽 쌓인 길을 걸으며
우리는 왜 죽음에 관한 이야기를 깊이 나눴을까요
절벽 끝 작은 주막에서 막걸리와 파전을 나눠 먹고
멀리 보이는 바다는 햇살에 눈이 부셨지요
햇살 탓이었을까요
붉은 단풍 탓이었을까요
나는 발을 삐끗했고
빛의 속도보다 더 빠르게 내 팔을 잡았던가요
얼마나 깊게 잡았으면
문신 같은 자국이 오래 남았습니다
그때 나는 절벽 쪽에 가까웠고
당신은 암자 쪽에 더 가까웠던 것일까요

버려진 모과의 시간

들과 산과 바다를
깔깔거리며, 흔들리며, 그렇게 말라가는 동안
내 속에 향기도 사라졌을까

그래도 우린 최선을 다해 웃었잖니
가을이 가고, 겨울이 가고
하늘도 파랗고 강물도 파란 날

그 강가에 나는 버려졌잖니
썩고 마른 몸에 향기마저 사라지고
검은 반점이 하나둘 생기기 시작한 날

창문으로 휙
남은 반쪽의 향기로, 남은 반쪽의 노랑으로
햇살 아래 최선을 다해 빛났었잖니.

풍경을 훔치다

불일폭포 근처 민박집 처마에 풍경이 걸려있다.
풍경은 밤새 계곡물 소리와 섞여 댕댕 울고
깊은 밤 몰래 풍경을 훔치고 잠이 들었다.

이른 아침 찬 계곡물에 눈을 씻고 보니
물고기 한 마리가 창공에 헤엄치는 게 아닌가
풍경은 풍경의 자리에, 물고기는 물고기의 자리에서
서로의 배경으로 있을 때 가장 맑게 울리는 것을

제2부

무심하여라 애인의 마음아
- 안향련 무덤에 마른 꽃 한 다발 올리고

풀이라 해야 하나, 꽃이라 해야 하나
풀이면 어떻고 꽃이면 또 어떠한가
이른 서리에 말라버린 꽃이라도
한때는 붉었던 적 있었으리
한때는 향기를 지닌 적 있었으리

팥매나무 열매처럼 미치도록 붉었던 마음아
세상에 절절하지 않은 것 어디 있으랴
당신이 풀이라 해도
내가 꽃이라고 하면 당신은 이미 꽃인 것을

이른 서리에 말라버린 꽃가지 꺾어
당신 무덤에 올려놓고
가을 강둑에 앉아 침잠하는 강물을 본다
흘러가야 할지, 머물러야 할지
생각에 잠긴 듯 가을 강은 고요하고

체리

너를 볼 때마다
선뜻 집어 들지 못하고 만지작 만지작
감질이 났다
에라이!
가끔은, 생각 없이 저지르고 싶을 때 있지
매번 감질만 나느니 차라리 배터지게 먹고나 죽자
하루 종일 틀어박혀
너를 먹으리
누워서 먹고, 앉아서 먹고, 서서 먹고, 엎드려서 먹고
씨앗을 발라내어 멀리도 뱉고, 가까이도 뱉고
입술 부르트게 질리도록 먹고 나면
다시는
보고 싶지 않을 줄 알았다

내 사랑 사무라이

바람이 분다
꽃이 진다
산산이 부서져 나부끼는 꽃잎 속에
당신이 가고 있다
환장하게 며칠을 피었다가
풀풀 날려 흔적 없이 사라지는
두 자루의 칼을 가진 사내
한 자루는 나를 위해
또 한 자루는 당신을 위해
가장 화려할 때 사랑을 끊어내자며
허공에다 몸을 흩뿌리고
흰 꽃잎 만장처럼 나부끼며
산천을 돌아 물결 위를
흘러, 흘러서 가는
저 사내
내 사랑 사무라이

대화를 엿듣다

노을이 아름답다는 바닷가 횟집

겨울에는 숭어가 앉았던 자리도 꼬숩다던가

옆자리에 앉은 중년의 남녀
숭어회 한 접시를 시켜 놓고 말없이 먹기만 하다가
여자가 남자의 손을 물끄러미 쳐다보며 표정 없이 말한다

여보! 고추 떨어졌어.

상추에 붉은 숭어의 살점과 마늘 고추를 올리고 막 입으로 가져가려던 남자는 상추쌈을 들고 아래를 내려다본다

아이시 이놈의 고추는 왜 자꾸 떨어지냐

멀리 물결 위에 앉아 반짝이던 수많은 햇살이 와하하 웃는다

지독한 사랑
- 버마재비

우리는 비밀을 공유한 사이
어느 한쪽이 죽어야 끝이 나는
지독한 사랑
당신의 머리에
살에
깊이 박힌 살 내음

살아서는 결코 서로를
떠나지 못할 것이네
서로의 마지막 얼굴도
확인할 수 없을 것이네
당신의 몸속으로
영혼이 서서히 흡수될 것이네

그리고
흙밥으로 돌아갈 것이네

백련

밤에는 꽃향기도 순해져서
늑골 속에 꽁꽁 숨겨둔 말을 풀어 고백하게 하는가?

낮에는 차마 부끄러워 하지 못한 말을
달빛 아래 창백한 빛으로 푸르스름함을 빌어 뱉어 놓은 말

심연에서 건져 올린 고백은 진땀처럼 목덜미를 타고 흐르고

처음이자 마지막 고백인 양 푸른 연잎을 사이에 두고
연밥처럼 콕콕 심장에 박히는 말

네가 무섭다는 말이 왜 고백으로 들리는가?

파르르는 언제부터

자주 눈 밑이 떨려
파르르, 파르르
파르르란 말은 언제부터 내 몸속에 저장되어 있었을까
파르르는 불안과 긴장이 동반된 또 하나의 언어

바다 위에 작은 동력선이 파르르한 힘줄 같은 물 주름을 만들며
무동력선을 힘겹게 끌고 가는 사진을 먼 곳에서 보내왔다.

자전거를 타고 태평양이 보이는 바닷가를 달리다 잠시 쉬고 있다고

할 수만 있다면 한 줄기 바람으로라도
끌려가는 무동력선의 아니,
끌고 가는 동력선의 등을 힘껏 밀어주고 싶었다

그거 하나면 되지 싶어

우리는 불안했었고 위태했었고
그래도 잘 참고 살았지?

이제 식성도 닮아 가고
생각도 닮아 가나 봐

이목구비 반듯한 아이 하나 낳아 길러
이목구비 반듯한 사람 하나 만나
저 닮은 아이 하나 낳아 잘 기르고 있으니

내가 태어나서 가장 잘한 일이지 싶어

나와 같은 방향을 보고, 같은 기도를 하고
내가 가장 사랑하는 아이들을, 당신도 가장 사랑하는 것

그거 하나면 되지 싶어

우리는 서로

태풍 다나스가 지나간 뒤
마당에 심어 놓은 해바라기 두 그루가 쓰러졌다.
뿌리가 너무 가까워 함께 쓰러진 것
처음부터 거리를 두었더라면
어느 한쪽이 휘청거릴 때
어깨라도 받쳐줄 수 있었을 텐데

며칠 전
보길도 세연정 옆
보길 초등학교에 걸려있던
어부사시사
秋 '인간을 돌아보니 멀수록 좋다'는 구절 앞에
한참을 서 있었다.

간이역

나 늙으면
간이역에 나가 당신을 기다리리
하루에 한 번 오는 기차를 타고
당신이 느리게 도착하면
늦가을 짧은 햇살 아래 나란히 앉아
야위어 가는 어깨에 잠시 기대어
햇살 아래, 은빛 머리카락이 반짝이는 걸 쓸쓸히 바라보리

한 두어 시간 그렇게 앉아 있다가
마지막 기차에 오르는 당신을
웃으며 배웅하리
다시 만나자는 약속 같은 것은 하지 않으리
언제고, 내가 갔을 때 당신이 없고
당신이 왔을 때 내가 없을 때가 오겠지만
설령 그날이 빨리 온다 해도 가을 낙엽처럼 담담해지리

홍어 장수의 사랑 노래

흑산도,
폭풍우 속에서도 홍어가 많이 잡혔소
당신에게 가는 길은 멀어
사나흘이 지나니 홍어 삭는 냄새가
끈~ 하게 올라오고
당신 생각 더욱 간절하오
자욱한 물안개가 피어오르나
날 선 강바람이 아직은 찬 이월이오
여윈 달은 서쪽 하늘에 걸려있고
별은 아직 총총하게 빛나고 있소
멀리 반짝이는 등댓불이 뱃길을 안내하지만
영산강 허리를 휘감아 도는 물살은 거칠기만 합니다
내가 온다는 것을 알 길 없는 당신은
깊이 잠들어 있을 테고
내가 당신을 깨우는 일은
노로 뱃전을 두드리며 노래를 부르는 일이오
안개 속에 로렐라이의 노랫소리처럼
내 노래는 꿈결에 흘러 당신 귓가에 스며들고
당신은 버선발로 달려 나오겠지요
내가 몇 날 밤낮을 노 저어

이 포구에 닿는 것은
오직 당신에게 가기 위함입니다.

숲

숲에 가까워질수록
몸짓은 바람에 가까워져

거미줄에도 걸리지 않은
자유로운 바람의 몸짓으로

꽃과 나무와 새의 몸짓으로
신선한 공기와 반짝이는 햇살의 배경으로

자기의 색깔과 향기로 피었다 지는
작은 들꽃의 배경으로

눈을 떠도 좋고, 감아도 좋은
이 눈부신 찬란!

제3부

도원桃園에 갔었네

심심산골 도화가 만발했네
달 밝은 봄밤
도화 아래서 술잔을 기울였네
바람은 향기롭고
술잔에 꽃잎이 떨어졌네
가까운 숲에서 자규가 울고
인적 드문 산골에 유일하게 따르던
흰 거위도 잠든, 깊은 밤이 흘렀었네

다시 찾은 도원엔 사람의 흔적 찾을 수 없고
흰 거위가 달려와 양팔을 벌리고 나를 반기네
염천의 팔월,
도화꽃 만발했던 나무 아래
복숭아가 누워 있네
떨어진 복숭아를 집어 드니
그 속에 우글우글
벌레들이 살고 있네

먹물버섯

산길을 걸었다
사람의 발길이 뜸한 약간 후미지고 축축한 낙엽 사이
쭈그려 앉아 여자가 울고 있다
모른 척 지나치기도, 뭐라 말을 걸기도 애매한 시점
나도 여자 옆에 쭈그려 앉아
땅바닥에 말라가는 마른풀을 쥐어뜯거나
파란 하늘에 흰 구름을 올려다보거나
풀숲에서 들리는 찌르레기 소리를 들었다
여자는 소리 내어 울진 않았으나
말아 올렸던 검은 마스카라가 주룩주룩 흘러내렸다
여자의 야윈 등을 토닥여 주고 싶었지만
내 손이 닿으면 풀썩 녹아내릴 것 같아
마른 나뭇가지 주워 들고
검은 눈물 찍어
사그라져가는 여자의 일생을 써보고 싶어졌다

가장 적절한 말

궂은비 내리는 날은
미장원엘 가요.

남자 미용사는 나를 의자에 앉히고
머리카락을 한 올 한 올 들춰 올리거나
쓸어내리면서 귓가에 대고 속삭입니다.

뜨거운 입김을 훅 목덜미에 불어 넣으며
오늘 같은 날은 조심하라고 말하네요.
머리카락도 살아서 꿈틀거린다나요.

메두사의 머리처럼

비 오는 날
그녀가 왜 머리에 꽃을 꽂고 돌아다니는지 아세요.
그건 그 여자의 마지막 자존심이기 때문이에요.

티브이 속에 검은 정장을 입은 여자가
입을 꼭 다물고 걸어오고 있네요.

저 여자의 머리에 붉은 꽃 한 송이 달아 주고 싶네요.

그 순간
욕 같기도 하고, 아닌 것 같기도 한
말을 누군가 하고 지나가네요

염병하네!

머리에 뿔도 없이

 뿔 달린 짐승들이 상대를 향해 달려가 머리를 부딪치고 몇 발짝 물러섰다 다시 달려가 머리를 박고 끝내는 빛나던 왕관이 서로 엉켜 발버둥 치다 어느 한쪽이 죽으면 썩어가는 상대의 머리를 매달고 다니다 결국 굶어 죽거나 다른 짐승의 먹이가 되는 숙명처럼

 맞짱 뜰 상대도 없이 가미카제 특공대처럼 허공의 공기를 가르고 필사적으로 날아와 철망에 머리를 박는 쇠파리 한 마리
 한 손에 파리채를 들고 문을 열어줄까 내리칠까 고민하는 눈동자를 피해 텅,
 그때마다 얇은 철망은 떨리고 슬픈 고독과도 같은 소리는 공간을 흔들고

 부풀어 오른 아랫배를 감싸안고 죽을 힘을 다해 돌진해서 철망에 머리를 박는 것은
 어쩌다 날아들어 스스로 감옥이 되어버린 안쪽, 목숨 붙어 있는 한 지속될 저 시도는 죽기 위함인지 살기 위함인지, 도무지 알 수 없는 빛나는 청동의 옷을 입은 쇠파리 한 마리

너는 부디 떨어지지 말아라

내변산 마실길에서 잠시 길을 잃었다.
산도 그 무게를 주체하지 못하고 늘어진 팔월

산 매미는 목이 터지라 울고
울울창창 숲은 푸른데 홀로 붉은 나뭇잎 하나

물이 든 것인가, 병이 든 것인가
세상의 물이 너를 병들게 한 것인가

맘껏 푸르러야 할 나이에 붉은 입술로
어두운 거리에 흔들리며 서 있는

너는 부디 떨어지지 말아라

친절한 네이버 씨

지난밤 돼지가 새끼를 세 마리나 낳았다고 하자
복권을 사라고 친절하게 알려주네요.
궁리하다가 후회할 것 같아서 복권 집 문을 밀고 들어갔지요.

복권 2장 주세요.
카드를 드릴게요.
복권 처음 사보세요.

복권 집 여자가 뚱하게 쳐다보네요.
붉어진 얼굴로 문을 밀고 나오는데 계좌이체 돼요.

복권 2장을 손에 들고
달을 머리에 이고 꿈을 꾸듯 걸었어요.

아들네 주택자금 대출 이자가 많이 나간다던데
아이가 있으니 차도 바꿔야 할 텐데
군데군데 녹이 슨 낡은 내차도 불안한데

백 년이 다 되어가는 집도 내려앉고 있는데

육십 년 동안 몸을 지탱해 온 무릎도 삐걱거리는데

오래된 것들은 왜 다 삐걱거리며 내려앉는 걸까요.
내 꿈은 이루어질까요? 네이버 씨.

비밀

비 오는 밤 여자가 돌아왔다.
오래 떠돌았는지
여자의 아랫배는 비릿한 바람 냄새가 묻어 있었다.
여자의 눈빛은 간절했고
남자가 할 수 있는 일은
처마 밑에 웅크리고 앉아 담배를 피우거나
여자의 고통스러운 신음을 듣는 일뿐
그 밤 소쩍새는 밤 깊도록 울었고
기다리지 않아도 아침은 오는 것

남자가 방문을 열자
비릿하게 풍겨 나오는 어린 것의 냄새
여자의 머리카락은
파르스름한 이마 위에 축축하게 흘러내리고
여자는 살굿빛 혓바닥으로
눈도 뜨지 못한 어린 것의 몸을 구석구석 핥고 있었다.
아비가 누군지는 묻지 않았다
다만 어린 것의 등에는
검은 반점이 찍혀 있었다.

인내는 가렵고, 그 열매는 붉다

소리 없이 날아와서
내 목에 빨대를 꽂았다

이놈을 죽여 말어
내 손에 피 묻히지 않고 한 방에 보내는 법

욕망으로 가득한 아랫배가 부풀어 올라
날아오르지 못하고 휘청거릴 때까지 기다려

한방에 후려치는 것

동거

전생에 어떤 인연으로 우리는 이렇게
서로의 눈을 보며 앉아 있는지
그의 언어를 알아듣기엔 나는 너무 아는 게 없고
유일하게 알아듣는 몇 마디로
우리는 10년을 살았다.

나보다는 늘 한 수 위에 있는 you
혈기 왕성한 시절에는 뜨거운 입김을 훅훅거리며
달려들 때도 있었지만
함께한 세월만큼 말하지 않아도
서로를 향한 건 믿음이었다.

오늘, 장맛비 내리는 날
가지런히 모으고 엎드린 그의 두 발 앞에
잇자국 무성한 볼펜 한 자루가 놓여 있다.
you가 쓰고자 하는 문장은 무언인가
목줄의 반경만큼만 허락되었던 자유

가끔 끓는 피를 주체하지 못해 목줄을 끊고 달려 나가
상처투성이가 되어 돌아온 날들

나는 굳이 알려고 하지 않았다.
옥수숫대 사이로 바람 한 줄기가 지나간다.
추적추적 내리는 빗줄기 사이 그의 눈빛이 쓸쓸하다.

야옹야옹 고양이 2

2월
봄눈이 풀풀 내립니다.
땅을 파고 죽은 고양이를 묻었습니다.
멀리서 봄이 오고 있는 것을 아는지
단단하게 결속되었던 흙의 몸이 느슨합니다.

4월
고양이 무덤에 장미 한 그루를 심었습니다.
모든 풀과 나무에 싹이 돋아나는데
장미는 죽은 듯 미동이 없습니다.
안달이 나는 건 죽은 고양이도 장미도 아닙니다.

6월
아침저녁 고양이 무덤가를 서성입니다.
나는 죽은 고양이는 사랑하지 않습니다.
어느 날 아침 고양이 한 마리가 야옹야옹 울면서
분홍색 발바닥으로 한사코 담장 위를 기어오르고 있습니다.

폭설

카페 창밖엔 눈이 내리고
난로에는 타닥타닥 장작이 타고
기다리는 사람은 오지 않고
눈은 길을 지우고

사람들도 모두 돌아간 시간
입구에는 낯선 신발 한 켤레만 우두커니 남아 있다

누군가 자기가 걸어온 길을 벗어 두고
내 신을 신고 눈길에 발자국을 찍으며 걸어가 버렸다

이제는 발자국조차 지워진 길 위에
누군지도 모르는 사람이 걸어 온 삶을 끌고
어디로 가야 할지 방향조차 알지 못한 채
폭설에 갇혔다

거리두기

마당 한쪽 귀퉁이에
고추와 백일홍과 분꽃을 심었다

작은 모종이었을 때는
사이좋게 하늘과 햇빛을 나눠 가지더니

자라면서 점점 허공을 차지하기 위해
치열하게 팔을 뻗어 세를 넓혀간다

백일홍은 낮에 꽃을 피워 벌 나비를 불러들이고
분꽃은 밤에 꽃향기를 피워 세를 확장하고

그 사이에 끼어 눈치만 보던 고추나무는
이러지도 저러지도 못하고 죽어 버렸다

고추와 꽃은 절대 가까이에 둘 일 아니다

폭우

기습적으로 쏟아지는 폭우 속에 갇혔다.
아무런 대책도 없이 우리는 버려진 듯 방치되어
어느 집 처마 밑으로 스며들었다.

속까지 젖어 더 이상 젖을 것이 없을 때야
서로의 몰골을 쳐다보며 우리는 배를 잡고 웃었다
마치 광인처럼 영혼은 자유로워져서 너울너울 춤을 추었다

비 오는 날에는 몸에도 이상 기류가 흘러
머리카락 한 올까지 꿈틀거리게 하고
몸속에 잠자던 세포들은 일제히 일어나 천둥과 번개 속에 섞이고
복길리 바닷가 폭우 속에서 우리는 비로소 자유를 찾았다

크레타섬을 닮은 바닷가에
올리브 나무를 심는 꿈

  크레타섬을 닮은 바닷가에 올리브 나무를 심고
  붉게 타는 노을을 배경으로 사진을 찍는 사람을 알고 있어
  그의 꿈도 크레타섬을 닮은 바닷가에 올리브 나무를 심는 것이었을까

어릴 적엔 배가 고파 빵 공장에 취직하는 게 꿈이었어
청년 시절에는 낙화를 읽으며 시인이 되고 싶었지
마흔이 넘어선 도서관 사서나, 꽃집 주인이 되고 싶었어

돌아보니
빵 공장에 취직도 못 했고
도서관 사서도, 꽃집 주인도 못 되었지만

마당 있는 집에 보라색 꽃을 심고
가끔 도서관에 가서 책을 읽고, 어쩌다 시를 써

꿈은 꾼다고 다 이루어지는 건 아니겠지만
또 이루어지지 않은 것도 아니어서

새벽에 화려하게 피었다가 하루를 넘기지 못하고 떨어지는 우창꽃처럼
　내가 지닌 향기와 빛깔로 이 계절을 건너고 있어

　그래도 언젠간 내 생의 올리브 나무에 평화의 꽃이 피겠지

제4부

그녀의 밥

요양병원 침대 위에
그녀는 오늘도 목에 핏대를 세우고 소리를 지릅니다
밥 안쳤냐!
그녀의 화두는 언제나 똑같습니다
의사이건 간호사이건 요양보호사이건
아들이건 딸이건 그런 건 문제가 되지 않습니다
그녀의 관심사는 오직 밥을 안쳤는지의 여부가 궁금할 뿐입니다

어떤 기억이 저리도 오래도록 머릿속에 남아
사람들을 이토록 다그치게 하는 걸까요
그녀의 말과 표정은 무서우리만치 집요합니다
금방이라도 뛰쳐나가
밥을 지어 먹여야 하는 누군가가 있는 걸까요
아니면 따뜻한 밥 한 그릇 먹여 보내지 못한 사람
못내 사무쳐
저리도 아픈 상처로 남아 있는 걸까요

동창생 계량기

할머니 팔에 푸른 점 다섯 개
나는 진안군 백운면 반송 두원리에 살았어
동네 친구 다섯이 있었는데 밤이고 낮이고 몰려다녔지
어느 날 우리는 어디를 가도 잊지 말자며
바늘에 실을 꿰고 먹물을 묻혀서 팔에 꿰었어
아픈 줄도 모르고 서로 애틋하기만 했었네

간혹 나이도 잊고 이름도 잊어버리는 여든여덟 할머니
어쩌다 정신이 드는 날이면
팔십여 년 팔에 새긴 친구들의 이름을 부르며
아직도 선명하게 남은 푸른 점을 가리킨다

진안군 백운면 반송 두원리
영원히 잊지 말자며 서로의 몸에 먹물로 새긴
다섯 개의 푸른 점
노인 요양병원 침대 위에 누워 자신의 팔을 쓰다듬으며
자식도 남편도 아닌 친구들의 이름을 부른다.
경순이! 명자! 애자! 순례!

기러기 죽이기

92세 어르신 집에 그녀들이 모인다
마당 한 귀퉁이에서 꽥꽥 기러기가 운다

90세 저놈의 기러기새끼 콱 잡아부시오

92세 잡을라고 해도 못잡것어 좀 잡아주시오
이놈이 주인도 모르고 밥 주러 가믄 한 번씩 손등도 물어 불고
없애불어야제 하며 시커멓게 멍든 손등을 내보인다

90세 작대기로 콱 때러불어라

85세 아녀 모가지를 콱 짜매서 매달아 놓으면 쓰제라

82세 아녀 검정 비닐봉지로 대그빡에 콱 씌워서 짜매 놓으시오
그라믄 지가 죽것지라

80세 아녀라 그라지 말고 시장에 가믄 잡아주는 디가 있는디

가서 잡아 주라카시오
만 원이면 잡아준다카요

그란디 저놈을 어쭈고 잡는다냐

오늘 우리가 여럿인게 한번 잡아 봅시다

푸드덕, 푸드덕 먼지를 날리며
오늘도 그녀들의 하루는 유쾌하게 흘러간다

망초꽃

어머니 무덤가는 길 망초꽃 피었다
하얀 꽃길 지나 무덤가에도
계란찜처럼 흐드러지게 망초꽃이 피었다
지아비, 아들 옆에 두고 어머니 편안하신가

산 아래 함께 살던 옛집도 사라지고
집으로 가는 길도 사라졌는데
어머니 옮겨 앉은 집
길가에 환하게 망초꽃 피었다

간암 말기 퀭한 눈으로 종일 벽시계만 보던 아버지가
드시고 싶다고 한 것은 고슬고슬한 햅쌀밥에 노란 계란찜
초가을 햇살 까슬한 날 손수 나락을 훑어 밥을 짓고
노란 계란찜을 소반에 들고 방으로 들어가시던 어머니

지아비, 큰아들 옆에 있으니
울 엄니 이제 외롭지 않겠다
망초꽃 저리 환하니 서럽지도 않겠다
밤새워 소쩍새 우니 억울하지도 않겠다.

빈집

밤꽃이 필 때면 자주
밤마실을 다닌다는
소문만 무성하던 오래된 집

봐줄 이 없는데 올봄도
청매가 피고, 홍매가 피고

백화등 줄기 담장을 타고넘어
꽃향기만 가득히 마당에 부려놓고
햇살만 종일 앉았다 가는

대문 앞 석류꽃은 붉고,
누렇게 익은 매실이 툭툭 떨어져도
주울 이 없는

투명하고 얇아진 손톱을 자르며
종일 밖을 내다보다
늙어버린 오래된 집

이 여자가 사는 법

열여덟에 스무 살 많은 남자한테 시집온 게
시상에 지사가 서른 번이여
여덟 식구에 땅뙈기라곤 손바닥만 한 산비탈 밭이 전부고
그 세월을 어척게 전디고 살았는지 이제 기억도 안나
나이 먹응게 그 고단한 세월도 다 잊혀지데
영감도 나이 먹응게 눈도 안뵁이고
두 늙은이 먹고사는 걱정은 없어
심심헌깨 이라고 밭에 나와서 풀이라도 뽑는겨
평생에 할 줄 아는 게 이 짓밖에 없응게
이라고 나이 묵었어도 쩌그 산비탈 밭에 갈 때는 무서워
그랑께 이라고 영감을 앞세우고 댕기제
막걸리 한 벵 사가지고 밭 가세다 모셔다 놓으면 혼자 놀아
술 한 잔 자시고 노래도 부르고 그래
그라믄 영판 안심이 되아
해가 뉘엿뉘엿 넘어가믄
영감은 주렁잡고 나는 영감잡고
깐닥깐닥 걸어 온 거이 여그까정 왔제
우리 영감이 젊은 시절에는 공부를 많이 헌 사람이여
영감은 공부는 잘 허는디 앞이 안뵁이고
나는 앞은 보인디 까막눈이고

어측하것는가 이라고 서로 의지함시롱
한 세상 건너가는 것이제

소회

　무심코 텔레비전을 켜는데 머리 하얀 망구望九가 아궁이 앞에 앉아 불을 지피고 있습니다

　살면서 숱하게 눈물 나는 일 많고, 기막힌 일 한두 번이었겠는가 그때마다 아궁이에 불을 지폈네.
　활활 타는 불꽃을 보면서 그 세월을 다 견디고 살았네.
　이상하게도 불꽃을 보고 있으면 팥죽 솥같이 폭폭 끓던 가슴도 가라앉데야.

　이른 봄에는 왜 이리 비 오는 날이 많을까요.
　이른 봄에는 왜 이리 바람 부는 날이 많을까요.

　어머니는 집안에 눅눅한 공기가 번지면 아궁이 앞에 앉아 말없이 물을 끓였습니다.
　젖은 솔가지를 아궁이에 몰아넣고 후후 바람을 불어 불꽃을 일으키려 했습니다.
　어머니의 입김은 젖은 솔가지에 불을 붙이기엔 역부족이었는지 안개 같은 연기만 뭉게뭉게 피어올라 눈앞에 있던 것들을 하나둘 삼켜버렸습니다.
　아버지도 오빠도 심지어는 어머니마저도

입춘 지나고, 안개 자욱한 날
툭, 툭 마른 가지 꺾어 아궁이에 던져 넣으며 생각합니다.

어머니의 불꽃은 한 번이라도 이렇게 활활 타올랐던 적 있었는지

그 여름, 그리고 가을

 오라비가 영장을 받아놓고 고기잡이 갔다가 물에 빠져 죽었다.

 어머니는 그때부터 담배를 피우기 시작했고
 술을 마시고 머리를 산발한 채 짐승처럼 충혈된 눈으로
 죽은 오라비의 이름을 부르며 맨발로 동네를 훑고 다녔다

 앞산 마루에서는 덫에 걸린 노루의 비명이 밤새 들렸고
 가을이 왔고 감나무엔 붉게 감이 익어갔다
 여자는 등불 같은 감나무 가지를 꺾어 들고 버스를 탔다

 사람들에 밀려, 둥근 감들이 버스 바닥을 굴러다녔고
 죽은 오라비를 닮은 청년이 이리 치이고 저리 밟히는 감을 주워
 여자에게 건네줄 때 여자의 얼굴은 홍시처럼 붉었다.

 여자가 집으로 돌아왔을 때
 어머니는 방문 앞에 앉아 한숨 같은 담배 연기를 내뿜으며

미친년~ 미친년~ 먼 지랄 났다고 감 가지는 꺾어 들고
버스를 탔드노

둥근 배를 끌어안고 마치 죄인처럼
부엌 뒷문을 빠져나가는 여자의 뒤태를 보았다
가을이었다.

홍어

 9개월을 난각 속에서 산소를 공급받으며 살다가 알에서 깨어나 바닷속을 유영하다
 걸 낙에 걸린 홍어의 내장에는 실제 아무것도 없다고 한다.
 낚싯줄에 걸려 발버둥 치는 동안 몸속에 애간장이 다 녹아 없어져 버려 며칠 만에 건져 올린 홍어의 내장은 텅 비어 있다고 한다*

 TV 화면에서 그 물고기를 보고 난 후 꿈속에서도 오랫동안
 '애간장이 녹아 없어진' 어머니를 찾아 깊은 바닷속을 헤엄치고 있었다

 *머물도 홍어잡이의 말

백석과 나타샤와 흰 당나귀

오래된 감나무엔 배고픈 부엉이가 울고
아이 이마에 붉은 홍시처럼 열꽃이 피고
바람은 콜록거리며 문풍지를 흔드는 밤

아비는 쌓인 눈을 헤집고 칡뿌리를 캐고
으름덩굴 줄기를 끊어 돌아오는 밤
어미는 가마솥에 생솔가지 밀어 넣으며
치맛자락 뒤집어 연신 콧물을 훔치고

눈은 내려 쌓이고, 흰 당나귀는 응앙응앙 울고
으름넝쿨, 칡뿌리, 쥐눈이콩 파뿌리 같은 것들이
푹푹 익어가는 밤

허기진 배

 애비가 누군지는 나도 모린다

 여그서는 산달이 되면 쩌그 산 속 움막에 꺼적을 깔고 거그서 아그를 낳았니라
 날마당 고깃배가 나가는디 마을에 피냄새를 풍기믄 부정을 타서 배가 뒤집어지덩가 아니믄 그 흔한 고기가 잡히지를 않는 기라

 니 에미도 말해 뭐하것냐 처녀의 몸으로 남산만한 배를 안고 움막으로 들어가는디 기가 꽉 막히더만 그래도 산 목심 죽일 수는 없응게 내가 따라가서 아그를 받았니라

 초이레를 움막에서 지내고 내려오는디 에미도 아그도 몰골이 말이 아니었니라
 삼신할매가 노했는지 에미는 젖이 붙아서 나오질 않고 헐수 없이 용하다는 당골네헌티 가서 물어봉께 쩌 건너 사도에 가믄 큰 바우가 있는디 거그 가서 빌어보라등만 그때는 지푸라기라도 잡는 심정으로다 밤낮 물 떠놓고 빌었는기라 니 에미도 시낭고낭하다가 죽어불고 할 수 있는 거라고는 비는 것 밖에 더 있것냐 그란데 거짓

말같이 바우에서 젖맹이로 뽀얀 물이 조금씩 고이는기라
그 물을 떠다가 맥이믄서 너를 길렀다

 턱밑까지 밀려온 바다엔 달빛에 윤슬만 반짝이고 인적
없는 포구엔 흔들리는 빈 배와 음악도 없이 선술집에 젖샘
막걸리와 서대회 담은 금 간 접시처럼 앉아 있는 사람과

유월

해 질 녘까지 사립을 지키며 우체부를 기다리던
누이의 순정 같은 찔레꽃이 지고

남편을 강구로 보내고
밤마다 몰래 친구 엄마를 불러내던 밤꽃이 피고

화장기 없는 얼굴로 병든 남편의 병상을 지키는
혜자 언니 같은 흰 접시꽃이 피고

해방둥이 이모를 낳고
부황 들어 죽었다는 외할머니 같은 망초꽃이 피고

열아홉에 얼굴도 모르는 지아비한테 시집와
아리게, 아리게 살다 간
울 엄니 같은 자주색 감자꽃이 지고

못 먹어도 꽃

장마 끝나고 너울너울 마당이 무성하다

바람 부는 대로 건들거리며 담장 너머를 기웃거리는 동네 건달 같은 삼잎 국화
백일홍, 분꽃, 제 맘대로 피었다 지는 강아지풀, 민들레, 씀바귀
달개비, 나팔꽃 내 눈엔 꽃 아닌 것 없는데

이웃집 할머니는 이 아까운 땅을 왜 놀리고 있느냐고
먹을 것을 심어야지 씨잘떼기없는 것을 놓아둔다고 혀를 차고 가신 뒤
호미 들고 마당에 나가 어슬렁거리다가 꽃들과 눈 맞추고 다시 들어온다.

나름 필 때와 질 때를 알아
각자의 향기와 빛깔로 피었다 지는
내 눈엔 꽃 아닌 것 없는데

세상에서 가장 짧은 안부

별다른 용건도 없이
밥 먹었냐?
묻고 뚝 끊어버리는 전화
아버지는 그런 전화를 일주일에 두세 번씩 하셨습니다
밥 먹었냐는 그 한마디 속에
모든 안부를 꾹꾹 눌러 담아
쥐어박듯 가슴팍에 퍽 안겨 주고 끊어버리는
장작개비처럼 뭉툭하고 거친 말 속에 스며있는
세상에서 가장 따스하고 짧은 안부를
이제 들을 수 없겠습니다

평설

손수진, 놓아서 소유하는 지극한 시선

손 현 숙
(시인)

　손수진의 시는 그녀의 태도이다. 삶과 죽음은 언제나 근거리에 존재한다. 그녀는 삶이라는 지난한 현실을 죽음의 방식으로 사유한다. 일상에서 일어난 어떤 사건을 종말의 위치에 앉혀두고 그 전의 모든 정황을 살만한 것으로 치환한다. 그래서 그녀의 시는 단호하면서도 투명하다. 깊고 그윽하다. 따라서 그녀는 그녀 앞에 드러나는 모든 사물이나 정황을 적당한 거리에서 놓아서 소유하는 방식, 아니 태도를 취한다. 그녀의 사색 속에는 이미 지나갔거나 아직 오지 않은 것들에 대한 연민이 짙다. 미래의 것들에는 아주 조금의 희망을, 지나간 것들에 대해서는 담담한 시선을 유지한다. 따라서 이번 그녀의 시집 속에는 부재하는 어떤 것들의 사색이 과하지 않게 그러나 환하게 견디고 버텼던 흔적으로 무늬를 놓는다. 방랑자의 기질 또한 강해서 오늘은 소호에서 어제는 삿포로에서 다시 남해로 내일은 또 어떤 암자에 깊은 발자국을 새긴다. 그러나 그 깊은 연흔을 쉽게 타인에게 보여주지는 않는다. 부재, 그녀는 부재에 대한 욕망을 겉으로 드러내지 않는다. 묵음으로 내리는 어떤 침묵처럼 가만히, 그러나 거침없이 직립보행을 한다. 그 어느 부근에 시인의 연민과 그리움 그리고 시가 존재하는 듯하다.

언제인지 기억은 없지만 내가 손수진을 안 것은 그녀의 시가 먼저다. 「나팔꽃 단상」이라는 시였는데, 망설임 없는 단도직입과 거침없이 흘러가는 이미지의 결속이 마음을 잡아챘다. 무엇보다 시 속에 등장하는 보르르, 하는 언어의 조탁이 꽤나 아름답다는 생각을 했다. 그리고 그녀를 잊었다. 어떻게 그녀가 내 속으로 걸어 들어왔는지는 모르겠다. 그녀의 시가 눈에 보일 때마다 정독을 하는 나의 모습 또한 이제는 낯설지 않다.

이번 시집 속에 등장하는 부재에 대한 무엇들은 이제 그녀 몸속에 각인된 기억이나 흔적들이다. 그것은 상흔, 그러나 마냥 아프다기보다는 그 상처로 오히려 아름답게 무늬진 시인을 만난다. 맨발의 목수가 용목을 찾아 숲길을 헤매듯이 시인에게 당도한 이별이나 당신의 부재는 그녀 속에서 번개와 우레의 길이 되어 오히려 침묵, 어둠의 바탕이 된 별처럼 반짝인다. 그래서 그녀의 시가 이별을 이야기할 때는 오히려 끝을 예견했던 담담한 시선처럼 조금은 처연하게 그러나 담담하게 시속에서 장면으로 드러난다. 가슴 어딘가에 묻어둔 사랑 또한 하나님도 어쩌지 못할 정도로 비밀, 단단하게 그 사랑을 버티면서 지킨다. 그렇게 엮은 이번 손수진의 시집은 묵음으로 쓴 방랑자의 기록이고 지독한 사랑이면서 연민과 그리움, 그 어느 부근을 유유자적하는 지극한 응시이다.

여기에서는 〈묵음으로 쓰는 산책자의 기록〉과 〈그녀의 사랑이 지독해서 아프다〉와 〈그리움, 그 어느 부근에 시가 있다〉로 나누어서 읽는다.

묵음으로 쓰는 산책자의 기록

소호의 밤은 고요했다
불빛이 일렁이는 밤바다는 우주의 한 공간을 연상케 했고
멀리 바다에 비치는 불빛은 불빛인지 별빛인지 분간하기 어려웠다
아픈 고양이의 등을 쓸어내리며 그의 죽음을 수습하는 일도
국도 1호선, 달리는 차에 뛰어들었던 고라니의 눈빛도 뇌리에 남아
내 의지로는 어쩔 수 없었던 게 아니라 모든 잘못된 일은 다 내 죄인 것 같아서

> 소호의 밤은 깊었고
> 아무도 없는 방파제에 혼자 앉아 있었다
> 내 품에서 힘없이 눈을 감던 고양이와
> 사지를 떨며 애처로운 눈으로 바라보던 고라니의 눈빛,
> 나는 왜 그 시간 거기서 그 절망의 눈빛과 맞닥뜨려야
> 했을까
> 내가 바다 쪽으로 한 발 더 다가가려 할 때처럼
> 어쩌면 그들도 그 절명의 순간을 스스로 정한 것은 아니
> 었을까
>
> ―「소호에서」 전문

  죽음은 언제나 우리 가까이에 존재한다. 위의 시에서 주목해야 하는 기표들은 '우주', '죽음', '죄', '절망', '절명'들이다. 화자는 지금 밤바다 방파제에 혼자 앉아 멀리 보이지 않는 곳을 바라본다. 그곳은 우주의 한 공간처럼 막막하면서도 무량하다. 불빛이 별빛으로 착란을 일으키면서 화자의 생각은 죽음이라는 삶의 또 다른 한 방식을 떠올린다. 이 세상에 일어난 모든 잘못된 것들은 혹시 모두 자신의 죄인 양 어쩔 수 없는 타자의 죽음에 관해서도 죄의식을 갖는다. 특히 어리고 여린 무죄한 것들을 생각하면서 지키지 못하고 해내지 못한 것들에 대한 절망을 복기한다. 그것은 자신을 구원하는 불빛으로 착각하고 달리는 차에 거침없이 뛰어들었던 고라니의 죽음부터 아픈 고양이까지. 그것은 모두 화자 자신과 치환이 되면서 어쩌지 못하는 우주의 섭리로 죽음을 상기한다. 화자가 살

려내지 못한 그 어쩌지 못하는 절명의 순간들. 그것은 시 속의 화자가 행하려 했던 스스로의 죽음, 저들도 우주의 시간 속에서 그 절명의 순간을 저 스스로 정한 것은 아니었을까, 깊은 밤 밤바다의 막막 앞에서 삶의 절망과 절명을 사색하는 이 순간, 그래서 시인의 밤은 오히려 고요하다.

> 바람이 분다
> 밤새 누군가 타전을 친다
> 먼 미래의 당신에게 보내는
> 지금은 하지 못할 가슴으로 쓰는 문장인가?
> 하늘과 바다색이 닮아 있는
> 남해의 작은 마을
> 붉은 지붕들이 게딱지처럼 붙어 있는 그곳
> 내가 누워 있는 방에
> 누군가 밤새워 타전을 친다
> 톡, 톡, 톡, 톡
> 바람이 불을 켜고
> 침묵이 불을 끄는
> 그 바닷가 마을
>
> — 「낯선 방」 전문

화자의 거처는 다시 바닷가이다. 남해 어느 작은 마을에 입성한 화자는 지금 혼자 밤을 맞이한다. 그곳의 하늘과 바다색이 닮아있다는 것으로 보아 위의 시는 날씨 청명한 어느, 어느 날의 투명한 시인의 기록이다. 시인은 그

낯설고 청명한 곳에서 또 하루를 의탁한다. 어김없이 밤이 도래했고, 화자의 귀에 들리는 소리가 있다. 그것은 바람, 바닷가 마을에 바람이 분다. 그리고 바람은 "게딱지처럼 붙어 있는" 허술한 지붕을 건드리면서 어김없이 화자의 심경도 건드린다. 그 작은 타전들이 마치 화자를 향해 전해오는 전갈인 듯 화자는 "먼 미래의 당신을 떠 올린"다. 지금은 없지만 반드시 미래에 도달할 그 누군가에게 보내는 시인의 마음은 그러나 누군가 먼저 화자에게 건네는 타전이 있었기에 가능했다. 누굴까, 그 미래의 당신은. 바람이 불고 침묵이 불을 끄는 이 작고 아름다운 바닷가 마을. 원컨대 시인 곧 화자에게 일어났던 심경의 변화는 낯선 방 낯선 곳에서의 무사한, 그러나 무사하지 못한 일탈이었기를 기원한다.

물새조차 날지 않는 바닷가에
바람만이 검은 모래를 쓸고 간다.

끝없이 펼쳐진 검은 모래밭에
유난히 빛나는 흰 뼈

한때는 푸른 바닷속에서
진주를 키우던 몸이었고, 집이었던
조개의 파편들

얼마나 많은 파도가 다녀갔기에

얼마나 많은 달과 별이 다녀갔기에
얼마나 많은 모래바람이 훑고 갔기에

날을 세우던 등이 이토록 둥그러졌나

십만 시간을 걸어도 닿을 수 없는 거리에
너는 있고

닿을 수 없는 거리이기에
멀어질 수 있는 가장 먼 거리에 나는 와 있다

북해도가 보이는 아오모리 바닷가
멀어지려 할수록 마음은 간절해

네가 있는 방향을 향해 나는 걷고 있다
- 「흰 뼈를 줍다」 부분, 전문

 다시 바닷가, 화자는 유난히 빛나는 하얀 조개의 파편들을 발견한다. 그런데 왜 화자는 물새조차도 날지 않는 이 황량하고 낯선 곳에 또 혼자 찾아온 것일까. 그리고 왜 화자 곧 시인은 인적이 없는 바닷가에서 유독 사색이 짙어지는 것일까. 어쨌거나 화자는 지금 혼자 바닷가 어느 기슭을 걷고 있다. 그러다 문득, 그리움의 잔재 같은 하얗고 단단한 무엇을 발견한다. 그것은 오랜 시간 바닷가에서 바람과 파도와 시간에 쓸고 닦인 조개의 파편들이다. 마치 그것은 누군가를 오래 간직하면서 몸으로 키웠던 그리움처럼 조개의 그 모든 지난한 과정과 닮아있다. 화자는 "얼마나 많은 파도가 다녀갔기에/ 얼마나 많은 달과 별이 다녀갔기에/ 얼마나 많은 모래바람이 훑고 갔기에" 이토록 유난히 빛나는 흰 뼈로 살아남았을까,를 사색한다. 그것은 마치 그곳에 두고 온 당신에 대한 고백처럼 "멀어질 수 있는 가장 먼 거리에 나는 와 있다"로 지금 여기서는 볼 수 없지만 그러나 심정 깊은 곳에서의 진심은 조개의 흰 뼈처럼 변치 않는 마음이라 토로한다. 그렇게 걷고 걸어서 닿을 수 없는 곳까지 가보리라 마음먹은 화자는 "네가 있는 방향을 향해 나는 걷고 있다"로 너는 거기서, 나는 여기서 여전히 서로의 당신을 향해 현재도 걷고 있음을 확인한다.

그녀의 사랑이 지독해서 아프다

나 늙으면
간이역에 나가 당신을 기다리리
하루에 한 번 오는 기차를 타고
당신이 느리게 도착하면
늦가을 짧은 햇살 아래 나란히 앉아
야위어 가는 어깨에 잠시 기대어
햇살 아래, 은빛 머리카락이 반짝이는 걸 쓸쓸히 바라보리

한 두어 시간 그렇게 앉아 있다가
마지막 기차에 오르는 당신을

웃으며 배웅하리
다시 만나자는 약속 같은 것은 하지 않으리
언제고, 내가 갔을 때 당신이 없고
당신이 왔을 때 내가 없을 때가 오겠지만
설령 그날이 빨리 온다 해도 가을 낙엽처럼 담담해지리
- 「간이역」 전문

인생은 꼭 주인공이 아니어도 괜찮다. 나는 나로서 충분하고 당신은 그저 당신이면 족하다. 위의 시에서도 화자는 중앙역 광장에서 당신을 기다리겠다고 언설하지 않는다. 소소하고 잔잔하지만 담담하면서도 확실한 간이역을 선택해서 당신을 기다리겠다고 발화한다. 그리고 지금도 어제도 그제도 아닌 늙으면, 이라고 가정한다. 우리에게 늙음은 그저 소외의 상징으로 외롭고 쓸쓸한 시간으로 인식이 되는데, 화자의 생각은 오히려 희망적이다. 늙음, 화자에게 늙음이란 정 중앙에서 조금 밀려난 간이역 같은 것으로 상징·발화한다. 그러니까 늙음은 굳이 미래를 약속하지 않아도 올 것은 오고 갈 것은 가는 담담한 시간에 도착한 모습이다. 그리고 그때의 사랑은 더 굳건해서 흔들림이 없다. 그저 올 사람을 믿으면 그만인 시간. 중앙역은 아니지만 결코 사라지지는 않는 간이역 같은 만남. 그곳에서 저들은 오래 머물지는 못하겠지만 또 오고 가면서 반드시 다시 만나는 사이. 그런 사랑, 너무 아플까? 화자는 시간이 많이 지나 늙어지면 간이역에 나가 당신을 무작정 기다리겠노라, 읊조린다. 둘이 약속한 기억은 없지만 그냥 믿는 사이. 기차의 연착으로 늦게 도착하면 도착하는 대로 길게도 말고 그저 한 두어 시간, 그렇게 앉았다가 이별을 하는 사이. 그러다 어느 날, 문득 어느 한쪽이 세상을 등지거나 오지 못할 사연이 생기면 그것은 또 그것대로 "가을 낙엽처럼 담담"하게 받아들이기로 한다. 설령 그날이 내일 혹은 조금 가까운 미래에 점령군처럼 들이닥친다 해도 화자, 곧 시인은 담담할 수 있다. 왜냐하면 오래 믿어왔던 사이고 오래 흔들리지 않았던 마음이라 다시 어느, 어느 날의 재회를 기다리면 그뿐. 그것이 이 세상의 일이 아니라고 해도 그저 괜찮다. 이 지독한 사랑, 지긋하게 바라보았던 이 오랜 시간이 그래서 더 아프다.

    무작정 보리암에 가자했습니다.

    가을이었고
    낙엽 쌓인 길을 걸으며
    우리는 왜 죽음에 관한 이야기를 깊이 나눴을까요
    절벽 끝 작은 주막에서 막걸리와 파전을 나눠 먹고
    멀리 보이는 바다는 햇살에 눈이 부셨지요
    햇살 탓이었을까요
    붉은 단풍 탓이었을까요
    나는 발을 삐끗했고
    빛의 속도보다 더 빠르게 내 팔을 잡았던가요
    얼마나 깊게 잡았으면

문신 같은 자국이 오래 남았습니다
그때 나는 절벽 쪽에 가까웠고
당신은 암자 쪽에 더 가까웠던 것일까요
　　　　　　　　－「그때, 거기에서는」 전문

　그러니까, 그때 거기에서는 무슨 일이 있었던 것일까. 시의 정황으로 보아서는 어떤 커다란 서사가 보이지는 않는다. 이번 손수진의 시편들에서 특이하게 드러나는 정황은 순간의 감각들이다. 그 한순간의 감각이 시인의 온몸을 관통하면서 시인의 모든 것을 지배한다. 따지고 보면 생이란, 커다란 서사라기보다는 작은 감각들이 편편이 모여서 하나의 그림을 만드는 퍼즐게임 같은 것이기도 하다. 위의 시에서도 장면은 딱 한 장면이다. 화자는 깊은 가을날 보리암 산사 어느 부근에서 발을 겹질렸고, 당신은 화자가 넘어지지 않도록 빠른 속도로 몸을 받아주었던 한 장면. 여기서부터 화자는 사색을 시작한다. 누가 누군가를 받쳐준다는 의미. 그리고 자신이 다칠지도 모른다는 것을 감수하고라도 화자를 지키고자 했던 누군가의 마음. 그 마음이 확연한 장면이 바로 "문신 같은 자국"이다. 가을날 당신과 함께했던 보리암으로의 짧은 여행. 세상과는 약간 괴리감이 느껴지는 그곳에서 저들은 왜 죽음에 관한 이야기를 나누었을까. 그리고 예지감각처럼 화자는 "발을 삐끗했고" 당신은 서슴없이 화자를 받아준 한 순간. 누가 누구를 구원한 것인지는 잘 몰라도 화자는 "그때 나는 절벽 쪽에 가까웠고"처럼 절박한 어느 시절을

통과하고 있었고, 화자를 버텨주었던 당신은 다음과 같은 삶의 태도를 지녔던 거다. 그러니까 곧, "당신은 암자 쪽에 더 가까웠던 것일까요"로 정처가 없어서 갈 곳이 없던 화자가 당신이라는 고요에 잠시 기대어 숨을 쉬고 있었다는 것을 상기하며 그날의 그때를 소환한다.

> 너를 볼 때마다
> 선뜻 집어 들지 못하고 만지작 만지작
> 감질이 났다
> 에라이!
> 가끔은, 생각 없이 저지르고 싶을 때 있지
> 매번 감질만 나느니 차라리 배터지게 먹고나 죽자
> 하루 종일 틀어박혀
> 너를 먹으리
> 누워서 먹고, 앉아서 먹고, 서서 먹고, 엎드려서 먹고
> 씨앗을 발라내어 멀리도 뱉고, 가까이도 뱉고
> 입술 부르트게 질리도록 먹고 나면
> 다시는
> 보고 싶지 않을 줄 알았다
>
> —「체리」 전문

그리스인 조르바에서 조르바는 체리가 시도 때도 없이 먹고 싶은 나머지 그것을 끊는 방법으로 체리를 질리게 먹고 다시 토해내는 방법을 택했었다. 그 이후로 조르바가 체리를 먹었는지 안 먹었는지는 모르겠다. 그러나 위의 시 손수진의 화자를 보면 조르바 역시 체리를 다시 또

먹지 않았을까, 짐작만 할 뿐이다. 그러니까 위의 시 체리는 시인이 차용한 사랑에 대한 상징발화이다. 시인은 누군가 그리워지면 그리워질수록 도망가기보다는 더 집요하게 그 속으로 걸어 들어가서 질리게 그를 속에 담다 보면 이 사랑이 끝나지 않을까, 나름의 방법을 선택한다. 그러나 그리움이란 공기를 먹고 자라는 정처 없는 발걸음이라 도무지 끝나도 끝나지를 않는다. 그리고 보니 조르바 역시도 체리 그다음에도 그의 사랑은 더 멀리 높이 더 깊은 곳까지 갔던 기억이 있다. 손수진 시 속의 화자 역시 그러지 않았을까. 먹어도 먹어도 배부르지 않은 부재의 당신에 대한 갈증. 그것은 이생의 걸음이 끝나는 그날까지도 계속될 것 같다는 불안이 손수진 시의 곳곳에서 출몰을 한다.

우리는 비밀을 공유한 사이
어느 한쪽이 죽어야 끝이 나는
지독한 사랑
당신의 머리에
살에
깊이 박힌 살 내음

살아서는 결코 서로를
떠나지 못할 것이네
서로의 마지막 얼굴도
확인할 수 없을 것이네

당신의 몸속으로
영혼이 서서히 흡수될 것이네
그리고
흙밥으로 돌아갈 것이네
　　　　　　　-「지독한 사랑_ 버마제비」 전문

처음이자 마지막 고백인 양 푸른 연잎을 사이에 두고
연밥처럼 콕콕 심장에 박히는 말

네가 무섭다는 말이 왜 고백으로 들리는가?
　　　　　　　-「백련」 부분

　버마제비는 사전적 용어로 사마귀를 가리키는 옛말이다. 그리고 버마제비는 교미가 끝난 후 수컷이 암컷에게 잡아먹히는 독특한 습성을 가진 곤충이다. 이러한 행위는 자연계에서는 새끼를 살리기 위한 자연스러운 수순으로 받아들여진다. 그러나 시인의 시선 속에서는 이 또한 지극하고 지독한 사랑으로 상징발화 한다. 그것은 시인이 갖고 있는 사랑에 대한 독특한 시선으로, 시인은 그 한순간의 환락과 영원의 각인에 대해 사색을 시작한다. 따라서 시인은 한번 한 몸을 이룬 한 쌍의 운명은 죽어야 겨우 끝나는 지독한 사랑이어야 한다는 것을 버마제비의 운명을 알레고리 하면서 조용하지만 단호하게 언표 한다. 결국 시인에게 사랑이란, 죽음과도 관계가 있는 아주 무서운 사건으로 "네가 무섭다는 말이 왜 고백으로 들리는

가?"처럼 함부로 다가설 수도 그렇다고 쉽게 물러서지도 못하는 생의 커다란 과제이면서도 피할 수도 없는 운명임을 드러내 보인다.

#그리움, 그 어느 부근에 시가 있다

>밤꽃이 필 때면 자주
>밤마실을 다닌다는
>소문만 무성하던 오래된 집
>
>봐줄 이 없는데 올봄도
>청매가 피고, 홍매가 피고
>
>백화등 줄기 담장을 타고넘어
>꽃향기만 가득히 마당에 부려놓고
>햇살만 종일 앉았다 가는
>
>대문 앞 석류꽃은 붉고,
>누렇게 익은 매실이 툭툭 떨어져도
>주울 이 없는
>
>투명하고 얇아진 손톱을 자르며
>종일 밖을 내다보다
>늙어버린 오래된 집
>
>　　　　　　　　　　　　　－「빈집」전문

손수진의 시 속에는 사람이 많이 등장하지 않는다. 어느 어느 시절의 기억이거나 이별이거나 일반적인 공간이 특별한 장소로 이동을 할 때 그녀의 시는 완성이 된다. 부재의 어떤 것들에 특별히 반응하는 손수진의 시는 그러나 공허하거나 텅 비어있지 않다. 떠나가서 부재하는 현재의 그것들을 바라보는 시선이 너무나 담담해서 오히려 몸짓이 자유하다. 위의 시도 사람이 등장하지는 않지만 모든 존재들이 살아서 움직이고 있다. 이렇게 아름다운 집 속에는 누가 살다 갔을까. 제목이 빈집인 것으로 보아 지금은 자명하게 아무도 살지 않는 것으로 시화는 그려진다. 그런데 그 집은 지금 꽃대궐로 밤나무에서는 밤꽃이 피고, 청매와 홍매 그리고 백화등 줄기에는 꽃들이 탐스럽다. 또한 석류나무에서는 석류꽃이 붉게 피어나서 온통 생명으로 가득하다. 그런 빈집에 화자는 잠시 들렀던 것일까. 그러니까 귀신들과도 내통이 가능한 꽃들은 화자에게 말을 걸기 시작했던 걸까. 왜 지금은 아무도 살지 않는 그 빈집이건만 보이지 않는 존재는 여전히 누군가를 기다리며 서성이는 것일까.

> 요양병원 침대 위에
> 그녀는 오늘도 목에 핏대를 세우고 소리를 지릅니다
> 밥 안쳤냐!
> 그녀의 화두는 언제나 똑같습니다
> 의사이건 간호사이건 요양보호사이건
> 아들이건 딸이건 그런 건 문제가 되지 않습니다

그녀의 관심사는 오직 밥을 안쳤는지의 여부가 궁금할
뿐입니다

어떤 기억이 저리도 오래도록 머릿속에 남아
사람들을 이토록 다그치게 하는 걸까요
그녀의 말과 표정은 무서우리만치 집요합니다
금방이라도 뛰쳐나가
밥을 지어 먹여야 하는 누군가가 있는 걸까요
아니면 따뜻한 밥 한 그릇 먹여 보내지 못한 사람
못내 사무쳐
저리도 아픈 상처로 남아 있는 걸까요
　　　　　　　　　　　　　　 -「그녀의 밥」전문

어머니 무덤가는 길 망초꽃 피었다
하얀 꽃길 지나 무덤가에도
계란찜처럼 흐드러지게 망초꽃이 피었다
지아비, 아들 옆에 두고 어머니 편안하신가

산 아래 함께 살던 옛집도 사라지고
집으로 가는 길도 사라졌는데
어머니 옮겨 앉은 집
길가에 환하게 망초꽃 피었다

간암 말기 퀭한 눈으로 종일 벽시계만 보던 아버지가
드시고 싶다고 한 것은 고슬고슬한 햅쌀밥에 노란 계란찜
초가을 햇살 까슬한 날 손수 나락을 훑어 밥을 짓고
노란 계란찜을 소반에 들고 방으로 들어가시던 어머니

지아비, 큰아들 옆에 있으니
울 엄니 이제 외롭지 않겠다
망초꽃 저리 환하니 서럽지도 않겠다
밤새워 소쩍새 우니 억울하지도 않겠다.

-「망초꽃」전문

  이제 조금씩 손수진의 인간적인 고민이나 고뇌가 구체적으로 손에 잡힌다. 시인의 어머니는 돌아가시기 전에 요양병원에 계셨던 거다. 그리고 아버지는 어머니의 지극한 정성에도 불구하고 벌써 전에 저 세상의 백성이 되신 듯싶다. 그래서 어머니도 아버지도 살아계시지 않은 집은 꽃들이 주인이 되어 그리도 빈집을 가득 채우고 있었던 거다. 선한 아버지와 어머니 셨기에 꽃들도 그리 환했던 모양이다. 그렇게 공경하던 지아비를 떠나보낸 어머니는 요양병원에서도 "밥 안쳤냐!"고 사람들을 다그치신다. 그것은 "따뜻한 밥 한 그릇 먹여 보내지 못한 사람/못내 사무쳐"로 오직 때를 거르지 않고 밥을 해야 한다는 강박으로 고통스러웠던 거다. 그런 어머니도 이제 무주공산으로 떠나가시고 시인은 가슴으로 어머니를 애도한다. 그렇게 시인은 아버지도 형제도 어머니도 먼저 세상을 등진 모습 또한 학습했으므로 삶과 죽음을 그저 꽃피고 지는 듯이 바라본다. 어머니 아버지 형제가 한 곳에 잠들어 계시니 죽은 자들은 서로를 위로하며 외롭지 않겠지만, 이승에 남겨진 산 생명은 저들을 추모하며 새소리 물소리

꽃피고 지는 모습을 바라보는 시선 속에도 알 수 없는 슬픔이 다녀갈 수밖에 없다. 그렇게 모든 것들은 피고 진다는 그 명료한 사실을 명확하게 목도한 시인은 그저 묵언의 증인처럼 생의 대상을 담담하게 수용하겠지만, 아팠겠다.

> 별다른 용건도 없이
> 밥 먹었냐?
> 묻고 뚝 끊어버리는 전화
> 아버지는 그런 전화를 일주일에 두세 번씩 하셨습니다
> 밥 먹었냐는 그 한마디 속에
> 모든 안부를 꾹꾹 눌러 담아
> 쥐어박듯 가슴팍에 퍽 안겨 주고 끊어버리는
> 장작개비처럼 뭉툭하고 거친 말속에 스며있는
> 세상에서 가장 따스하고 짧은 안부를
> 이제 들을 수 없겠습니다
> 　　　　　－「세상에서 가장 짧은 안부」 전문

시인의 아버지는 시인에게 안부전화를 걸어주시던 분이셨다. 시 속에서 묘사되는 아버지는 뚝, 이라는 의성어로 매우 무뚝뚝하게 시화되지만, 그러나 아버지는 그런 안부전화를 여식에게 일주일에 두세 번씩이나 해주셨던 분이시다. 시인도 아버지도 무슨 또 다른 말이 필요했을까. 그저 가만히 안부를 묻고 대답하는 그 시절이 조금 더 오래갔으면 또 얼마나 좋았을까. 이로써 아버지의 "세

상에서 가장 짧은 안부"는 결국 세상에서 가장 따뜻한 위로가 되었다. "이제 들을 수 없"게 된 아버지의 안부전화. 그래서 시인은 망초꽃이 흐드러진 무덤가를 서성이고 또 이제는 사라진 그 빈집을 혼자 거닐다 말고 바닷가 어느 기슭과 고즈넉한 암자를 그리도 많이 서성였던 거다.

이상으로 손수진의 시집을 읽었다. 고요하면서도 담담한 그녀의 서체는 읽는 사람들에게 담담을 선물한다. 보이지 않는 것들을 보이게 하고, 들리지 않는 것들을 들리게 하면서도 명징한 장면들과 깊은 심상은 아름다움을 넘어서는 자리에 위치하고 있다. 당신의 부재에 대하여서도 언제나 떠나가는 것들은 저들이고 남아있는 자의 슬픔은 언제나 시인의 몫이다. 그래서 그런지 시는 어쩌면 대단한 무엇이라기보다는, 잊을 수 없는 것들을 잊을 수 없게 하는 그 어느 부근이 아닐까, 하는 생각도 했다. 돌아서는 것들을 굳이 붙들지도 그렇다고 냉담하지도 않은 손수진의 화법은 그래서 더 처연하다. 이제 끝을 맺어야 하는 시간, 다음 손수진의 아름다운 시를 함께 읽는 것으로 마음을 대신한다.

> 숲에 가까워질수록
> 몸짓은 바람에 가까워져
>
> 거미줄에도 걸리지 않은
> 자유로운 바람의 몸짓으로

꽃과 나무와 새의 몸짓으로
신선한 공기와 반짝이는 햇살의 배경으로

자기의 색깔과 향기로 피었다 지는
작은 들꽃의 배경으로

눈을 떠도 좋고, 감아도 좋은
이 눈부신 찬란!

-「숲」전문